Gonçalo M. Tavares
Investigações.Novalis

Gonçalo M. Tavares
Investigações.Novalis

 chão da feira

Sumário

7 **Parte 1**
1 ao 67

77 **Parte 2**
1 ao 26

Parte 1

1.

Toda a ligação é acrescento.
Ser mais é ser mais do que ser igual, e é ser muito mais
do que ser menos.
Ser mais é mudar de sítio.
Toda a ligação é, pois, mudar de sítio. Ou seja: de coração.
Ou seja: de ALMA. Ou seja: é Preciso Fugir à Grande
IMOBILIDADE, a Morte; o coração inapaixonado.
Síntese: o Coração quando não ama, morre-se dos ossos.
Invenção Urgente: o coração em FORMA e Matéria de osso.
Coração ossificado.
Por exemplo: ele, homem, tem as Artérias que dão para
as Mulheres em gesso Puro; ninguém se mexe nessa sala
já por si apertada.
Toda a Des-ligação é suicídio.
Cada carta não enviada é Desastre. Uma queda.
Até os Mortos esperam notícias, quanto MAIS.
Toda Ligação é sobreviver.
E até o Morto sobrevive. Liga-se ao que não se vê;
ao que nos vê.
Porque eu sou invisível da Minha Morte. Hoje, já, neste
MOMENTO.
Tudo o que fica é IGNORÂNCIA.
Não ser igual ao FUTURO; é isto o IGNORANTE geral,

total; a base do desespero Branco dos vivos estúpidos, todos os vivos. O Morto é contemporâneo do Futuro, parece-me a evidência.

2.

A Fábrica biológica: a flor.
(Toda a Natureza, pequena ou Grande, é Fábrica.)
Tudo produz; isto é: tem filhos.
Os Produtos comuns da Flor: o cheiro, mas também a cor, a forma, e a tranquilidade.
Tudo transforma algo dentro do estômago. A Digestão é Universal.
Toda a Fábrica é Estômago. (Digestão.)

3.

O FIM Suspenso.
A Forma definitiva não veio, nunca vem. Deus atrasado.
A Permanência das obras na CARNE.
O EU ainda não se calou.
Mesmo quando o ar Morre o EU guarda o discurso.
O FIM sempre suspenso.

4.

A ideia de cada Corpo ser semente.
Não é desperdício ou excremento.
Quando cai na Terra cai para ganhar Força.
Cortem a queda: acabarão com o Descendente, o FILHO.
Até a queda Brutal produz flor.
No meio, perde-se a memória: Tempo.
Não é novo,
não há nascimentos,
aquele que caiu levanta-se agora, diferente.

5.

O Metal inteligente: Muda.
O Vazio inteligente: Muda.
O Pai da CARNE: VAZIO.
O Filho da carne: VAZIO.
O Vazio inteligente: Muda.
A carne inteligente.

6.

A memória não acabou.
Amanhã o Mesmo é de modo diferente recordado.
Olfacto em desordem.
Arquivo com Buracos: caiu tudo para o Centro.
Quem sou EU?
Comi arroz e agora de novo com Fome.
Quem sou eu? Surpresa.
O Estranho acabou de entrar em casa.
Quem sou eu?
Em cada instante isto:
o Estranho acabou de entrar em casa.

7.

Comover a Matéria.

8.

Geometria que não se vê.
O AR é o chão da Música.
Não cai, encanta.

9.

Acelerar a Meditação.
Agir.

10.

O Objecto é consequência do drama.
Obrigaram a ENERGIA à FORMA e ainda por cima gritam:
Não te mexas!
Preferia o invisível, claro (o objecto).
Mas se não, pelo menos o Movimento.

11.

Corpo.
Objecto meio Feliz.
Não é Transparente, mas move-se.
(alegria intermédia): Entre Deus e o Osso.

12.

Desenhar Música.
Tomar o SOM visível. Tinta.
Mas não é tinta, é sangue.
Aparecer dói.
Só o Desaparecido porque não tem corpo não tem Dor.
Desaparecido CONTENTE.

13.

TER CORPO Aparecido para o PRAZER.
TER CORPO Desaparecido para a DOR.
Impossibilidade Primeira, BÁSICA, Essencial.
Daí a angústia.
Nada mais.

14.

geografia Móvel: O Corpo.
PÁTRIA Portátil.

15.

geografia pesada: pedra.
geografia leve: AR.
geografia de Peso intermédio: Corpo.
geografia exaustiva: deus.
(Deus não dá ESPAÇO ao Espaço.)
Deus recusa o INTERVALO.
Deus não tem Intervalos.

16.

SIM, a Sabedoria.
Mas primeiro respeitar o Mistério.

17.

MORTE Repetitiva.
(Um corpo com a Morte repetida.)
Deus.

18.

É o território todo: INDIVIDIDO.
Para quem a Matéria começa na Matéria e termina no INVISÍVEL.
Para quem não é, porque é no Invisível, o Território começa no não-visto e Termina na Matéria.
É o território todo. Sempre INDIVIDIDO.
Por vezes vê-se, por vezes não se vê.
Nenhuma interrupção.
Cego cego cego, quase cego e vê, quase cego e cego.

19.

Depois de gordo, simplificar.
Depois da memória, criar.

20.

Dentro da Gruta, a Biblioteca.
Dentro do Bosque, a Biblioteca.
Dentro da Biblioteca, Livros.

21.

a Possibilidade cheia.
Deus.

22.

Acumular possibilidades de Movimento até tornar
IMPOSSÍVEL O MOVIMENTO.
Hesitar.
Empurrar a Ordem. PLANO inclinado. Diagonal que
desce.
Desordem.
A desordem é a Possibilidade única.
O Caos? Hipótese Perfeita.
Desconhece a acção-Hesitar: o Caos.
Portanto: acumular Possibilidades é acalmar o MUNDO.
Hesitar e por FIM acalmar.
A ordem Hesita.
(Possibilidades a entupir o caminho.)
E a Desordem Move-se, existe.
(Uma possibilidade; ausência da Dúvida: é por aí.
Começa-se a andar.)

23.

Para existir Movimento é necessário Eu e o Outro.
Se acabou o que não sou Eu, acabou o Eu, pois acabou o Movimento.
Deus não se move porque não há o OUTRO.
Deus ou é Morto ou tem OUTRO, um OPOSTO.
Deus ou é Morto ou não é TUDO.

24.

Deus não é cansado.
Cansado é pernas que podem andar, sentadas na cadeira.
Deus é pedra.
Não há cadeiras nem PERNAS.

25.

a geometria abre a linha para deixar passar a Imaginação.
O FUTURO sai da FENDA e da FERIDA.
Do que antes foi, hoje sai Sangue.
Inundar o VAZIO: o FUTURO inunda o VAZIO.
Porque todo o vazio tem por INIMIGO a Imaginação.
Porque todo o vazio tem o Inimigo.

26.

a Força Exacta é violência.
a Força em espirro, ao acaso, não é violência,
é existência.
O mal é Fixar a Força (direccioná-la) porque a natureza
espontânea não o FAZ.
Natural é ser FORTE, isto é, avançar.
Violento é o Percurso que antecede o viajante.
Antes dos pés: sapatos; a estrada.
A Força Exacta é violência.
A natureza não tem, nunca teve, Forças EXACTAS.
E tudo que o homem faz é tornar exacta a FORÇA.
Ser violento é construir; todo o Edifício é violência.
O homem é o Exacto da Natureza; a falha NATURAL;
o Erro.
Deus errou:
fez o homem EXACTO.

27.

genética incompleta: a Civilização.
Acabar só acaba no IMORTAL.
Ou seja: quando já não acaba.
O homem morre sempre diferente até que não MORRE.
Depois não MORRE.
Que sou EU? TU?
Alexandre, o Grande?
A genética incompleta.
Ainda se morre. Depois não.
Mas Depois ainda não veio.
Agora apenas agora.
Agora.

28.

Nenhuma célula é Fértil a não ser a Alma.

29.

Conhecer é sair do EU para o OUTRO.
Amar é sair do EU para o OUTRO.
Quem é o sábio?
É o Amante.
Quem é o Amante?
É o Sábio.

30.

A Erótica do Salto.
Todo o Salto é ERÓTICA.
SOU EU-CARNE EM direcção alta ao OUTRO-CARNE.
SALTO. Sou alto. SALTO.
A Erótica do Alto.
A Morte?
Deus vem buscar-nos.
O Salto do Alto.

31.

A Erótica une os OPOSTOS.
É dia?
Noite?
Que posso saber eu?
Só vejo o teu corpo.

32.

O dia Nocturno.
O amor.
(O dia NOCTURNO.)

33.

O Prazer invisível.
Por dentro da cabeça, assim, Transparente.
O Prazer invisível: Imaginar.

34.

A memória não tem FUNDO.
EM BAIXO: Vidas passadas (não é Platão, é alguém que viveu antes).
Vem de trás e vem do Futuro (Imaginação).
(Eu sou o mental da cabeça
eu tenho o mental na cabeça.)

35.

Fixar as coisas como Rochas no chão.
Depois pousar os pés por cima e tentar ser alto.
(Isto, o habitual.)
A poética é outro assunto:
com os pés sobre a água tentar ser alto e permanecer vivo.
ALTO.

36.

Linguagem violenta: a única.
A outra é: Sedução ou Submissão.
Ou seja, o mesmo medo: recear estar só.
Quando se fala, fala-se. No alto da matéria e do espírito.

37.

A parte invisível do visível.
Do resto conhecer mais o quê?
O Manifesto do Invisível.
Os lobos são a cabeça do anjo que não se vê.
Sangue no Focinho e Cobardia.

38.

a religião dos cães: o osso.
É a fome o único deus dos vivos.
O que nos amedontra.
Depois Morre-se.
    (Não ser Morto antes do tempo.)

39.

educar a metade que pensa a não pensar.
Depois educar a parte que age a agir mais rápido.
Por fim educar a parte que educa com o SALTO; o felino ataca a Presa e devora-lhe o Coração.

40.

Todo o futuro é perfeito.
Toda a perfeição é FUTURA.
(deus é FUTURO.)
    Hoje não.

41.

Suicídio e depois Filosofia (Novalis).

42.

O cão do planeta é o homem.
— "Busca", e ele vai.
A cauda, quando abana, é o contentamento.
É o cérebro, a cauda, e está contente!
O Filósofo.

43.

Mais alto que o Coração, a Cabeça.
Mas mais alto que a Cabeça, o Coração.

44.

O amor é a dor no sítio errado.
A dor é a dor no sítio certo.
A dor é o amor no sítio errado.
O amor é o amor no sítio certo.
(Canção infantil do Cérebro Meio.) Por exemplo.

45.

A alma doente: o Corpo.
O Corpo incorrupto, INVELHECÍVEL: a alma.
Morte: cura súbita da doença da alma.

46.

Toda a saúde é ciência.
A arte é doença Rápida; aflige, mas incita à vontade:
mudar de vida, hoje!
Não é cão Rápido.
É o cão coxo que se perdeu no Atalho Sublime. E este,
sim, o percurso, é VELOZ.
Suicídio sem sangue, suicídio por dentro.
Mudas a vida e o caminho; mudar o Coração.
Depois da Arte o coração a Zero.
Vou de novo, claro, mas com pés no Branco. Assim.

47.

A pele evita o espalhar dos órgãos.
Lá dentro o Massacre: escondido; suspenso.
Vou Morto mas não mostro.
Vou FUTURO Morto, mas não mostro.

48.

a ilusão não tem carne.
a carne do invisível nem sequer é arroz.
água ao contrário: SÓLIDO: CARNE.

49.

Não nos prometam o Transparente.
Mesmo a CARNE por dentro, no último instante, deve evitar o VAZIO.
Depois de varrer tudo vem o vento.
Substituir o vazio pelo grão de ARROZ, a semente.
Nada acabou! O cadáver prossegue.

50.

No interior SIM: acontecem acontecimentos.
Lá fora chove, mas no dia seguinte a água já não existe.
Só existe tempo na célula; no Limite: NO VAZIO: no zero.
As coisas só acontecem no átomo.
Antes (ou melhor, cá fora): a Montanha impassível e alta.
(the wind blows low on the mountain; tradução inglesa
do I CHING)

51.

Amar silencioso porque não há alternativa.
No dia do Ruído o dia da Queda.
O meu Coração, afinal: um órgão!

52.

Não pensar no amor porque o amor não se pensa.
Pensar no amor ou é: não pensar, ou é: não-amor.

53.

A natureza absurda: Científico.
Migalhas na experiência.
O sujo não é Sujo: é Surpresa.

54.

A convicção cão.
Os dentes nas ideias. Não largar.
Isto, a Filosofia. A poética não.
Não é convicção cão; é convicção e queda. (poética)
O ENTUSIASMO é MÁXIMO até ao Ponto em que é Mínimo.
Depois, ai, o SALTO!
A convicção-cão não larga. FILOSOFIA.
A poética é diferente: Bicadas e voo.
O alimento necessário para a FORÇA VERTICAL,
mas não o excessivo: aquele onde o Peso é maior que a altura.
Imaginar é o estômago que sobrevive; não é cheio, saciado.
Aí, na Redondez, no Redondo, como sair do chão?
A montanha tem Estômago cheio.
O ALTO AR tem o Transparente no Centro.
Alimenta-se de Saltos ALTOS, PARA CIMA. Para o Topo.

55.

Sou Muitos no que SINTO.
PENSAR é ser só um; EXACTO.

56.

Da Linguagem?
Apenas o que Novalis queria da palavra:
"atingir diversas ideias com um só golpe".

57.

O que acontece é Matéria BRANCA.
De nós, SIM, do nosso coração (dos olhos): a cor.

58.

Ao cérebro leve chama-se: AURORA.
O Sol começa, e em todas as coisas o subtil pólen do Recém-Nascido.
Como ser um nascimento diferente todos os dias?
A arte arte do artista.

59.

No fundo das Coisas: Nada.
No fundo do Nada: as Coisas.
A superfície é Poço, claro.

60.

No fundo do poço, as crianças.
(Ah), como são altas!

61.

Claro, os nomes.
A Mentira Grande.

62.

Escultura de AR: pássaro.
E afinal Move-se, a pedra ALTA.

63.

Nos genes do criminoso, ali, escondido, atrás da árvore,
o gene SANTO.
Não sabia pegar no Machado, o lenhador;
e a sua lâmina CORTOU OUTRO Pescoço; o ERRO.
O Problema ou o Crime não é o Sangue EXTERIOR,
é o Bosque no dentro, o que não deixa VER.
Ali atrás, no Passado, no que não FOI VISTO; a OUTRA
vida, a vida OPOSTA.

64.

a violência é o amor SOLTO contra o outro, tudo em
EXCESSIVA FORÇA.
O Beijo com demasiado Peso é CHOQUE; SOCO.
Não parou a tempo: violência é amor.
A carícia rápida é o ESTALO e o Lento estalo é a
CARÍCIA.
Não é Soco,
quando vem a lentidão é alguém meigo.
O mesmo gesto,
Velocidade diferente.
Deus como o SUBLIME LENTO.
A lentidão Suprema.
Mas Rápido também.
O Grande paradoxo. E bruto.

65.

O igual é sempre o desigual. Muda. Morre.
Depois o PARTO. Não é novidade, é boa memória.
O Primeiro SOM: uma cor.
Depois veio a FORMA. A carne antes de ser carne não era carne, era SOM.
SOM igual a PERIGO IMINENTE.
A carne SIM: mata e morre.

66.

O útil?
Só o religioso é útil.

67.

E o Mais Desaparecido é o que Aparecerá com mais força.

Parte 2

1.

Comer.
In-comer.
O imperfeito in-come porque não Muda.
Tudo que é à FRENTE do Banquete e COME: Muda,
portanto vive, sofre e Morrerá. É PERFEITO.
Só o imperfeito TRAVA. IN-COME.
Não excrementa o dia anterior.
Se igualzinho ao Pai, então para quê SER FILHO?
A conclusão: ser igual a Deus é Desperdício de horas.
Deus já existe há muito tempo.
Portanto: ser Melhor que o Pai, para justificar os dias.
O filho pior que o pai é Preguiça, andou a divertir a pele e
esqueceu os ossos.
A Morte morre-se, a vida vive-se, a Mulher mulher-se
e o homem homem-se.
Temos de exercer o corpo; erguê-lo do chão; conhecer os
gregos, Séneca e Kierkegaard.
IN-COMER provoca in-cabeça.
Essa coisa rara que é a cabeça (Ashbery) merece
Alimento.
É urgente levar a cabeça a passear lá fora, como se faz
aos cães.
Excrementos para fora e liberdade;

soltar as pernas – é assim que se diz.

A cabeça tem de Passear; é sabido que dentro de casa os quadros não mudam.

Claro que me entendem;

Não é no comboio, o passeio, é na cabeça-cabeça.

Dois pontos: é na IDEIA.

Levar a Ideia a passear, e voltar diferente, com mais calor, mais frio, mais desespero.

A cabeça tem de passear dentro da cabeça; se não não há comboio que mude de sítio.

A cabeça-cabeça;

a Ideia que nos guia os cavalos, isso sim, tem pressa, óleo, motor, a bicicleta dos raciocínios, a geometria a descair como copo de água derrubado no jantar, na toalha Branca das Ideias ABRANCADAS, a minha Forma é Paralítica na FORMA e no PARALITISMO,

de resto o Resto pode ser Centro, é fácil de perceber também: excrementos que fomentam o FUTURO, fezes de onde saem os Filhos das plantas, estes acontecimentos gerais, antigos, agricultura, terrestres.

O meu dedo é a Princesa, posso inventar e encenar uma nova mão direita, enquanto a esquerda permanece oficial.

É seguir os Mandamentos do evangelho (não envies à frente da caridade as trombetas), mas pedir humildade, que transformem Mandamentos em conselhos,

por exemplo:
talvez seja melhor não matares,
talvez não seja o mais adequado;
esse machado na cabeça da criança, por exemplo,
parece-me um exagero.
Talvez que um maior autocontrole desse impulso que
te vem não sabes de onde, e vai para sabes exactamente
onde: a violência;
pões, talvez, é uma hipótese, o machado na cozinha, na
gaveta, estre os talheres da comida, a colher e o garfo
e utiliza-o para descascar frutos, a maçã, por exemplo,
essa coisa rara.
É necessário treinar a Paciência.
A divina Paciência.

2.

Questão:
o arroz, assim, no geral,
a areia, por exemplo,
terão estes elementos, que são exércitos, um centro?
Os soldados têm centro?
Não pode ser o general porque o general não é soldado;
o centro dos soldados tem de ser um deles: soldado, mas
se for escolhido, de entre eles, um centro, então esse
deixa de ser soldado, porque este por definição é igual
aos outros, e assim não, passa a ser centro.
Portanto: os soldados não têm centro, tal como o arroz.
A não ser que o centro seja algo que não é MATÉRIA, mas
espaço-entre, no meio.
Deus, por exemplo, seria um bom centro para o arroz
e para os soldados.
Deus como Centro Exacto dos Iguais.

3.

Leio Novalis:
"A Natureza é, simultaneamente, um animal infinito, uma planta infinita e uma pedra infinita."
O animal e a planta: metamorfoses da Pedra.
A Planta: Metamorfose do Animal.
O Animal: Metamorfose da Planta.
Outra forma de o dizer: A planta é o Animal Torto;
a Pedra Torta é o cão, por exemplo,
ou então o Lobo.
A planta é o animal que cresceu, mas também se pode dizer: o animal é a Pedra que cresceu, ou o animal é a Pedra com 4 patas, ou ainda, a Planta é a Pedra com cabeça verde, ou: a Planta é a Pedra que depende do Sol.
Enfim: todos são Filhos do Sol. Nuns a Barriga é tudo (as pedras) noutros não é Nada (os vegetais, já se sabe, são Bichos com Barriga Zero), depois existem os animais propriamente ditos: a rã, a girafa; e o crocodilo.
Têm o Estômago assim-assim, os animais.
Nem é Tudo, nem é Nada.
Neles há também cabeça e PERNAS.
Cérebro e estômago nuns (o animal), noutros só a cabeça Grande (os vegetais): por exemplo a alface e a árvore;
cada Fruto é ainda um cérebro Pequeno: algo que faz

pensar; Fruto que raciocina, e isto porque no Fundo
quando acaba o Alimento acaba o Argumento, a cabeça
que Pensa Precisa de comer.

Sem ARROZ não há filosofia, portanto o arroz é a filosofia,
são as ideias, as teses, os argumentos, as Palavras.

Tudo o que se escreve não se escreveria se não fosse
tanto o arroz como a irmã alface a irmã carne do lombo
e o irmão peixe. Portanto: tudo que se escreve, não é
alguém que escreve, mas o arroz.

Uma fórmula síntese:

o arroz, esse incansável escritor! O Trigo, o pão, e outros
incansáveis escritores.

Outra síntese: Foi o Trigo que escreveu tudo: desde
Homero até BHAGAVAD-GUITA até Joyce e até sempre.

A princípio não era o Verbo, era SIM o Trigo, o Arroz.

Sem arroz não há verbo.

Há primeiro Fome e depois Morte, apagamento súbito.

E os Mortos não escrevem, ou se escrevem não se vê.

Porque os alimentos são, acima de tudo, os maiores
amigos; morrem, a cada dia, por nós: o ARROZ é, pois,
o grande sacrificado.

E a alface, por exemplo.

4.

Escreve Novalis:
"As explicações são mistérios já resolvidos."
Quer dizer: tentamos.
Para não se saber só o Nada procuram-se distracções.
A Filosofia, por exemplo,
a poesia, por exemplo,
e a crueldade, por exemplo.
Distracções.
Porque o Mistério é grande e tem braços, e quando se
aborrece de ser observado por olhos que o querem explicar,
aperta-nos o pescoço e MORREMOS.
O homem é o animal a quem trocaram a cabeça ao Nascer,
e agora julga-se FILÓSOFO, com ideias e remédios.
Alimenta-se do sol e é distraído.
Isolou-se dos Répteis e das aves, perdeu o rasto à couve
Branca, ao Pepino verde, ao surpreendente arco-íris,
humilhou a Rocha Burra e agora vejam: grita, de novo,
a correr, ofegante, atrás da última carruagem.
Mas o único bilhete é perder a inteligência e a arrogância.
Porque explicar é transportar e ensinar com o dedo alto,
e o Mistério não aceita iguais, muito menos o paternal.
Ou te calas de vez ou cortamos-te a cabeça.
Como o homem não se calou cortaram-lhe a cabeça.

5.

O exterior não existe.
Tudo o que se vê é o nosso quarto íntimo.
(escreve Novalis:
"O exterior é um interior elevado em estado de mistério.")

6.

De Novalis esta frase:
"A poesia é, entre as ciências, a juventude."

Está sempre a começar;
A inaugurar, a fundar, a inventar, a descobrir.
É outro órgão do corpo, a Poesia; não detectada por tecnologia nem por manuais anatómicos.
Dito de outro modo: esconde-se por detrás da Anatomia.
É o Grande Espelho das células materiais: a Poesia.
É o cenário brilhante, divino.
É a luz que melhor ilumina o esqueleto.
Conclusão: É a única parte imortal do osso.
(E se o Carbono é eterno é porque é Poético.)

7.

Nascer é a patologia evidente ocorrida no centro do
NADA.
Porque a Anatomia é doença se antes existia o DESERTO e
o Silêncio, Schiu.
Todo o Ruído é uma dor evidente no VAZIO;
e todo o movimento é uma dor evidente no VAZIO.
Porque o VAZIO dói quando algo existe.
Porque o VAZIO é egoísta.
Porque o vazio também quer ver e ser visto, mas não pode.
Porque o Vazio, enfim, é o sítio onde não há doenças, mas é
ignorante também do Prazer.
E Nascer é a Primeira doença necessária aos vivos.
Depois, SIM, a tempestade, a Filosofia, a chuva.
(E a última doença, a Morte, é a correção do ERRO.)
Isto é, como explicação temos uma:
a metade de baixo dos vivos é essa meia-circunferência
Silenciosa – Morta,
e a metade de cima é a Festa no sótão.
Os vivos antes do bebé
ocorrem na meia-circunstância de Baixo;
a silenciosa-Morte.
Depois, então, a Festa no Sótão:
um ou outro AMOR;

e a música demasiado alta;
    inconsciente.

8.

Novalis diz:
"Existem fósseis líquidos e gasosos [...]"
E alguém diz:
Porque também o ar e o Mar têm Passado e também têm
crânio, cérebro e oxigênio, seja o que for,
e por isso possuem Memória; e o Fóssil é a Memória mais
valiosa: a da Forma.
Porque o Fóssil do AR cravou-se na crosta do átomo.
Sublime, o velho ÁTOMO, porque os átomos partilham
também idades, gerações, conflitos; novas tecnologias
que aparecem e desaparecem; existem átomos Sábios e
teimosos, outros imaturos; adolescentes.
Porque no FUNDO o ar tem ossos, e mais importante:
tem a DOR nos ossos, a decadência física, a dependência
psicológica; o Asilo é já necessário para os Loucos
oxigênios.
Porque existe a vida que não se vê e existem espelhos.
E nós não conhecemos o espelho real dos átomos, mas
não lhes podemos negar a vaidade.
Porque quem envelhece foi novo, portanto: conhece a
beleza e orgulha-se dela ou inveja-a.
Porque Deus é o maior Fóssil do AR e o mais antigo.
É o Primeiro.

Inaugurou o Invisível e só depois o visível foi inaugurado.
Porque Deus é a Tatuagem que não se distingue do objeto a que se cola.
Porque Deus é a Tatuagem da água e só vemos água; e Deus é a Tatuagem do corpo e só vemos corpo; mas Deus é também tatuagem da doença e nós queríamos o Paraíso e o Eterno na cabeça.
Porque o Paraíso é ser Belo; é ser o Primeiro Fóssil, é não ter Motivo nem objectos para comparações; é ser impossível o adultério porque a única mulher somos tudo.
E é porque o Paraíso é ser Belo que o Primeiro fóssil tinha de ser Deus, sem a Tristeza nem a Morte ou o terror.
Porque o extraordinário é uma invenção do AR, os Sólidos são casmurros e Burros e a cabeça ocupada por Matéria, por isso não sai Nada.
Porque o extraordinário é uma invenção do AR.

9.

(Porque até hoje ninguém viu o mesquinho no invisível.)

10.

O amor não percebe a Natureza porque a Natureza é o Punhal.
Corta-se o pescoço à planta e sem teorias, sem Mortal, sem filosofia.
O Pescoço à girafa por exemplo.
O Pescoço à árvore por exemplo.
O pescoço ao casal apaixonado, por exemplo.
A "acústica dos números" (Novalis)
e a "acústica de Deus" (eu) existem e Reproduzem-se em cima da erva, por exemplo, mas também do altar.
A Natureza é inteligente, claro, mas não nos Percebe.
É uma cabeça com a tendência diferente, a NATUREZA; enquanto o homem é, ele próprio, o Diferente, o Bípede com palácios e ouro, tendência enorme, exagerada, para a cabeça.
     E claro que há Salvação.
Mas Deus, se salva, salva Carnívoros, Omoplatas, vertebrados, invertebrados e PLANTAS.
O Paraíso Vegetal, por exemplo: o jardineiro exacto.
Homem que percebe as FLORES.
Porque não acredito nos tigres Mansos e nos Lobos a brincarem com os filhos pequenos dos Cordeiros.
Acredito que tudo se devora no céu, exactamente como

aqui, mas lá em cima a diferença é que se proibiu a Tristeza.

O céu é a Natureza sem a Tristeza, de resto tudo igual:
o tédio, a lâmina

e o ENORME MEDO.

(Deus joga aos dados com a cabeça de 6 olhos,
e as crianças Mudam, como os outros.)

11.

A grande Inteligência é sobreviver.
As tartarugas portanto não são teimosas nem lentas,
dominam, SIM, a ciência.
Toda a tecnologia é quase inútil e estúpida,
porque o artesanal tartaruga,
a espontânea TARTARUGA,
permanece sobre a terra mais anos que o homem.
Portanto,
como a grande inteligência é sobreviver,
a tartaruga é Filósofa e Laboratório,
e o Homem que já foi Rei da criação
não passa, afinal, de um crustáceo FALSO,
um lavagante pedante;
um animal de cabeça dura. Ponto.

12.

A minha Religião é o Novo.
Este dia, por exemplo; o pôr do Sol,
estas invenções habituais: o Mar.
Ainda:
os cines a Ralhar com a água. A Rapariga mais bonita que ontem.
Deus como habitante único.
Todos somos estrangeiros a esta Região, cujo único habitante verdadeiro é Deus (este bem podia ser o Rótulo do nosso Frasco).
Dele também se podia dizer, como homenagem:
Hóspede discreto.
Ou mais pomposamente:
O Enorme Hóspede discreto.
Ou dizer ainda, para demorar Deus mais tempo nos lábios ou neste caso no papel, na escrita, dizer ainda, no seu epitáfio que nunca chega, que nunca será útil,
dizer dele:
em todo o lado é hóspede,
e em todo o lado é Discreto.

13 e 14.

O EPITÁFIL INÚTIL: o de Deus.
(ETERNA falta de uso).

(Os caçadores de Deus)

À terça é Proibido caçar PATOS.
Mas não há nenhum dia em que seja proibido caçar Deus,
mas nunca se viu tanto desacerto,
tanta bala deitada ao lixo,
mas tantos tropeções; Falhanços;
Mas são erros evidentes; Massacres dispensáveis porque
foram ao lado; olhos tortos; o disparador era coxo como a
trajectória; a arma também coxa, tudo com o Deficiente
na Pontaria e na arma e no dedo e no Braço e no Pescoço
e na cabeça no cérebro e nas ideias
porque Deus é indispensável, e os caçadores do Invisível
já não o são. Concluindo:
Os caçadores de Deus acabam sempre com uma bala na
nuca, mesmo que não seja bala é de certeza na nuca, em
cheio no coração: ele pára,
as Aurículas engasgam a Filosofia da cabeça, o nome em
que se pensava fica suspenso e então aparece, vindo não
se sabe de onde, mas vindo do Corpo, aparece o Cadáver.

Concluindo:

Os caçadores de Deus acabam sempre com uma bala na nuca, de mãos VAZIAS.

15.

Arquitectura Doméstica e arquitectura Selvagem.
Nesta última: a árvore e o Ramo Torto.

16.

Agradecer ao Óbvio.
Compreender por exemplo a cadeira. Sentamo-nos.
Depois a LUA, no topo. Aquário Redondo.
Uma luz sempre, mas não demasiado. Não é Sol.
Nomes interditos; a garganta sem ginástica.
Ciência aberta às 13 h;
no meio do almoço,
a digestão, o defecar, a poesia;
o acto da FORNICAÇÃO Recta.
O espírito com história simples:
um osso apenas, e Mesmo este obscuro,
um coração com a geometria.
Supõe-se imortal, mas a juventude é apenas
comestível.
Cão culinário.
A Física é doce; equação com cerejas;
o espaço-tempo ocupado com tempo-chocolate.
O corpo é o Movimento compatível com a palavra corpo.
Ou seja: não sabemos Nada.
O meu deus é o dedo cosmológico.
O meu dedo é o cão amestrado, um em 10,
são todos Filhos da Minha ordem,
Sou Presidente da Realidade,

o chefe Máximo da Realidade;
Quem manda nos obstáculos e nas Mulheres? EU.
A medida é a Filosofia das Soluções práticas:
está sujo: limpa-se.
está limpo: Suja-se.
A vida alterna,
e os dois deuses:
o Branco e o escuro;
o limpinho e o Nojento,
lutam entre si para ocupar o espaço
no Prato, no Coração,
No cérebro.
A Frustração é o Pensamento.
Adultério do corpo: Pensar.
E Não se pode enganar o corpo:
Morre-se, temos Filhos,
a Fornicação deixa a CARNE mais aquática do que na véspera.
Portanto:
a Retórica da carne não é oca:
Sangue, carne pesada e densa, 2 kg de CARNE entre os dedos e o OMBRO.
O que é o Braço? NO FUNDO?
Filosoficamente?
8 kg de CARNE.

O Braço é a carne Hábil,
tal como o Sexo é a carne tão só Carne,
e o cérebro é a carne que pensa não ser carne mas é
carne.
A sociedade enganou-se, claro.
A geometria, por exemplo, o Cubo,
pode encher-se de CARNE,
ver por exemplo:
um cubo de ossos;
um cubo geométrico, perfeito, Recto, obtuso, sem Falhas,
mas de ossos.
O meu cubo tem ossos, isso é uma certeza.
A única.
Reservar o conhecimento e a investigação filosófica para
a Noite de Núpcias;
e também existe ASSASSINAR ou ser MORTO;
Investigar para quê?
Há o morto e o que ainda não.
Imortal é o que ainda não Nasceu.
Mais do que imortal: A-MORTAL.
Sem MORTE; acima; ao lado, sem Mãos.
Tocar é ser Mortal.
Ter dedos é também coração: ele pára porque andou.
E se anda, vai parar: isto é certo.
Um choque com a instituição da Pedra em cima da

cabeça até ao sufoco:
MORRE-SE.
Depois podemos falar: não se ouve nada.
Há uma camada de terra,
constrói-se a erva de um lado, a nossa, e do outro
a outra erva:
o oposto: erva de Pedra: não se dobra.
Assim também os Mortos e os vivos.
Não se entendem.
Falam ao mesmo tempo.
Ossos de um lado, quase nada do outro.
Mas tanta coisa, afinal.
(O Mistério)

17.

O indício: Palácio.
Outro indício: o massacre exacto de 50 mil pessoas.
Os corpos todos, desligados, desmembrados; sangue.
Portanto: o indício gigante. Para descobrir, no fundo,
o mínimo.
Inverter, assim, a Metodologia dos Vivos.
O degrau Grande para alcançar o poço.
O céu escondido na gaveta.
O Palácio minúsculo.

18.

Claro que não é fácil construir a Morte.
Os tijolos são Negativos, são tijolos ao contrário:
Matéria de: desapareço à frente dos olhos.
A Morte é a parede que se coloca à frente da cara e se diz:
Desapareço!
O Corpo é a Arquitectura Rápida.
Os pais arquitectos com esperma e ovários.
Definições rápidas, claro, mas o Exacto, como a Morte:
uma vez.

19.

Porque o Prodígio é a Ciência das ciências:
é necessário valorizar o Método SURPREENDENTE.

20.

Numerar os Trabalhos.
O primeiro sou eu Salvar-me
e os Filhos.
Depois o Corpo, o Coração no Centro.
(reunir gravatas.
E Bochechas importantes. E Nada. As Reuniões do
quotidiano:)
Informações sobre o Zero. Um exemplo. Quantos
números tem o Zero?
O meu cão, por exemplo: 4 PATAS. Uma cabeça no meio
para pensar. Uma cauda no meio para cagar.
Tudo CERTO. Só que não há perguntas deslocadas para a
Carne ERRADA.
Quem sou o meu cão? Quem és o meu Pé?
Porque o idêntico cão é 1 gato.
E a distância à Realidade é importante: 5 metros.
Eu estou aqui e a Realidade ali. E no meio 5 METROS.
Deus é 5 METROS. A diferença entre o que eu sou aqui a
sofrer, e o que é IMPORTANTE.
É 5 METROS. Deus.
Porque o Relatório interno diz-me: ESTOU VIVO; e um
dia dirá: MORRI.
Porque a Manifestação do Relatório diário dos Órgãos é,

por exemplo, o Desejo;
mas também a Dor.
Por isso mesmo avaliar o divino, dia a dia, é impossível,
porque cansativo porque 24 horas apenas e porque
também: Deus é longe e longe, qual a escala?
A escala é Micróbio, sempre, perante Deus. O Facto.
A ESCALA torta porque pequena porque inexistente.
Mas se não há escala para medir deus haverá DEUS?
É que toda a MATÉRIA tem martelo; chave de parafusos.
Se não tem não é CARNE, nem sequer ENERGIA (CARNE
invisível). É ilusão: Carne BURACO que sai da cabeça.
Deus é a CARNE-BURACO, portanto.
Eu: CARNE com deus na cabeça. Isto é: carne com
necessidade de carne Buraco.
Há pior.

21.

Transcender a Instituição.
Educar a água: UM.
Tornar professor a Pedra: a primeira lição é não ceder facilmente:
TEIMOSIA.
Transcender a instituição das coisas;
a sua história passada, as leis.
A geometria tem o Buraco negro chamado laranja.
É falsa das ARESTAS; o centro é o ANEXO.
Pois bem, é isto.
A instituição da FORMA tem a Parede Principal Mole;
tem os dias contados: a forma,
a forma tem os dias contados pelos dedos da Morte;
esse animal Próximo-estúpido-afastado.
A questão é:
qual a técnica principal necessária aos vivos?
Como respirar bem pela roupa errada: O corpo.
A questão é:
Como ser alma com ossos?
A estupidez estúpida da Morte vem, a certeza,
e o que sobra são soluções de vitamina,
laranja a mais ou a Menos. Nada de essencial.

22.

A população do objeto é a sua FORMA.
Se pegarmos no COPO os habitantes são o vidro
inclinado, a deliciosa CURVA que nos embriaga; a cor
transparente para impedir atentados: o veneno deitado
no VINHO.
Porque o seu Reino pode ser a FUNÇÃO ou a ESTÉTICA:
o Penteado da Festa ou o cabelo por causa do FRIO.
O objeto copo é a população de obedientes.
Exactamente como o homem mas mais cobarde,
porque mais LENTO.
Envelhece, mas os cabelos Brancos tardam. Atrasam-me.
E a população por vezes morre, súbita. Porque existem
Distracções, um cotovelo a mais naquele MINUTO,
o MOVIMENTO Dessincronizado com as coisas que o
Rodeiam.
Porque todo o acidente é isto: o ser vivo dessincronizado.
O copo cai e parte-se.
A harmonia é portanto outra coisa: os homens acertam
ponteiros do Relógio com os objetos e com os deuses
e ninguém MORRE, a doença não existe,
e o Sangue é invenção da pintura dos ANTIGOS. Mas se
tudo é vermelho como o Sangue, nada é vermelho como
o Sangue.

A harmonia é outra coisa: é o melhor INVENTO.
É a População, mas sem os Muitos.
Esclareço: É o único Indivíduo, mas Grande; ocupa tudo.
Não é o mesmo SOM em todo o lado. É o mesmo em
todo o lado. Portanto: nem som nem deixar de ser som.
Harmonia é outra coisa.
É a população da FORMA em silêncio absoluto,
(isto, uma tentativa para definir);
outra pode ser:
gosto de ti, apesar de tudo,
dos teus olhos azuis altos,
das ancas Primitivas,
do tambor BUM-BUM alojado no coração Discreto.
No fundo, a população como as ideias são-me
indiferentes,
o importante é hoje, de noite, não chegares tarde.

23

Claro que a natureza é uma inflamação do corpo.
Um particular alongamento (verde) da cabeça, essa árvore.
O instinto e a Filosofia comem o objeto por fora, isto é:
a sereia-apetite não atrai para dentro do estômago,
mas para dentro da Alma.
E como esta não é cofre-forte, todas as crianças têm
chave; podem sair.
No fundo a Natureza foi já, por nós, Digerida.
Toda a montanha é pois ilusão pois se vive só pode viver
no coração.
(E a rima é necessária, claro, tal como o ridículo.)
PORTANTO:
Os olhos são estômago que não mata,
devoro e não devoro,
alimento-me do que vejo e deixo ainda o mesmo alimento
ao apetite dos outros.
A Natureza como borbulha enorme, a nossa borbulha
enorme,
que foi separada de nós por essa ponte artificial,
esse ditador: o cérebro.
No fim todas as inflamações sem exceção se atenuam,
tornam-se tímidas, desaparecem.
E a morte, neste palco, é inflamação depois de curada.

Uma síntese possível da vida podia então ser esta:
Durante anos alimentamo-nos de tudo, por fora,
e depois alguém, o Observador Geral,
devora-nos, subitamente, por dentro.
Parece exacto; e é.

24.

a mulher tem a química dos animais e o pólen das plantas,
e da Grande Alma rouba o Apetite para multiplicar as coisas
que nascem.
Os contágios são calmos.
Se uma flor voasse perdia o cheiro;
e se o pássaro tivesse aroma de rosa, de certeza seria coxo.
Porque o mundo se organizou todo de uma vez, e depois
calou-se.
Ficámos nós, sós, e a Filosofia.
A pedra calada, o animal grunhe,
a erva cresce tão lenta que só a vemos quando ela é adulta,
e os cães ladram debaixo do Sol.
Todos somos resíduos imperfeitos
e os organizadores do Baile saíram logo no início,
deixando a Música, mas não os passos.
Por isso tropeçamos,
partimos a unha má e boa,
apaixonamo-nos por uma mulher e depois já é outra,
e, no Fundo, o que queríamos era sossego e não dançar.
Do que temos medo é da solidão, temos de o reconhecer,
esse caixão que vem antes do tempo,
e nos fecha dos outros e do dia.
O que queremos é sossego;

nem Mistérios nem passos de dança,
apaguem a Música.

25.

A ciência do corpo.

A vogal do órgão doente não é Muda nem silenciosa; grita; torna-se AUTORIDADE.

Porque se o corpo tivesse o Coração gasoso tudo seria mais fácil aceitar, até o adultério.

Mas Deus tornou-se exacto e foi teimoso: criou a Matéria.

O Coração são aurículas: túneis sujos e pegajosos por onde passa o amor;

E as artérias são erros: deviam transportar alma e não sangue.

A tristeza começou com a inauguração dos Sólidos.

O Cubo geométrico é aresta e pouco MAIS: se tocas na agulha com o DEDO vem a Ferida, e inunda-te.

O Dilúvio não é geral se não não seria catástrofe, mas lei; o Dilúvio é Individual: vai directo aquela Pessoa torna-se Primeiro incómodo, como se apenas infecção Breve, uma Borbulha vermelha de mais; depois, SIM, rompe-se o dique e a água do Espírito Santo inunda-nos; o dia seguinte dos órgãos é vítima do afogamento BRUTO.

Ninguém morre devido a leis gerais; os cadáveres são sempre excrementos particulares e com Nome.

Por exemplo: o feliz advogado.

Outro exemplo: Este homem era apaixonado. Ainda outro

exemplo: a velhice.
Não são os mortos que morrem, são os outros vivos que não Morrem.
(A condição normal é Morto. O vivo é Excepcional poético.)
Esta, a diferença importante. A partir daqui ou somos Filósofos ou não somos nada.
Porque a minha Natureza é igual à tua. Caímos na Terra sincronizados com a nossa Burra ignorância.

26.

E o Mais Desaparecido é o que Aparecerá com mais força.

Dados Internacionais de Catalogação na Publicação (CIP)

T231i Tavares, Gonçalo M.
       Investigações.Novalis / Gonçalo M. Tavares – Belo Horizonte,
       MG: Chão da Feira, 2020.
       122 p. : il. ; 13 x 19 cm

       ISBN 978-85-66421-21-7

       1. Literatura portuguesa – Poesia. I. Título.

                                                      CDD 869.1

Elaborado por Maurício Amormino Júnior – CRB 6/2422
eDOC BRASIL, Belo Horizonte/MG

Investigações.Novalis
Gonçalo M. Tavares
© Difel S.A., 2002.
© Edições Chão da Feira, 2020. [Edição revista pelo autor]

COORDENAÇÃO EDITORIAL Maria Carolina Fenati
COORDENAÇÃO DE ARTE Luísa Rabello
REVISÃO Bernardo Bethonico
DESENHO DA CAPA Bruno Rios

Edições Chão da Feira
Rua Teixeira de Freitas, 478, sala 1303, Santo Antônio
30350-180 Belo Horizonte – MG
www.chaodafeira.com | chao@chaodafeira.com

Para esta edição de *Investigações.Novalis*, publicada dezoito anos após a edição portuguesa, Gonçalo M. Tavares fez uma revisão e alterou alguns fragmentos. Por escolha das editoras mantivemos a grafia do português de Portugal.

Obra apoiada pela Direção-Geral do Livro,
dos Arquivos e das Bibliotecas/ Portugal.

CULTURA
DIREÇÃO-GERAL DO LIVRO, DOS ARQUIVOS E
DAS BIBLIOTECAS

Composto em Lyon Text, este livro foi impresso em papel Pólen Soft 80g/m², em 400 exemplares, pela gráfica O Lutador, no mês de maio de 2020, em Belo Horizonte.